O espírito livre
Deus em nós

O espírito livre

Deus em nós

Gabriele

Casa Editorial
Gabriele

1ª Edição – Dezembro 2016
Publicado por:
Casa Editorial Gabriele – A Palavra
Max-Braun-Str. 2, 97828 Marktheidenfeld
www.casa-editorial-gabriele.com

Traduzido do título original alemão:
Der Freie Geist
Gott in uns
Pedido No. S 179ptPOD

A edição alemã é a obra de referência para todas
as perguntas em relação ao significado do conteúdo

ISBN 978-3-89201-794-3

Índice:

Prefácio

Se fala muito sobre Deus e muito é também escrito – mas quem conhece a verdade?

O fato é que nenhuma pessoa pode provar para outra de que Deus existe. Tampouco pode uma religião exterior, uma instituição igreja, dar prova de que Deus realmente existe.

Porém, neste livro nós lemos: Deus em nós! Quem pode dizer tal coisa?
Uma pessoa que tem vivenciado a Deus em si – Gabriele, a profetisa e enviada de Deus nos nossos tempos, que vive em Deus e há mais de 40 anos dá à humanidade a sua palavra da verdade. Neste livro, Gabriele nos dá motivo para reflexão, impulsos e ajudas, para que cada pessoa possa provar para si mesma que Deus existe e que Ele habita em nós.
Assim, cada pessoa pode experimentar Deus ela mesma e disto ganhar alegria e segurança de que: Deus está em cada um de nós. Deus

está em todas as formas da vida. Deus está presente em todas as coisas.

A base para este livro são quatro programas de televisão com o título: "O vosso devocional – O espírito livre. Deus em nós", nos quais participaram alguns seguidores de Jesus de Nazaré. O conteúdo dos programas foi dado por Gabriele, que, como enviada do espírito livre, dá a verdade a todas as pessoas que buscam a Deus, haurindo-a do seu tesouro rico de experiências e a partir da plenitude da sabedoria divina.

Os textos dos programas foram trabalhados para serem publicados agora no livro aqui nas suas mãos.

"Deus em nós" mostra ao leitor o caminho para a liberdade, para fora das crenças religiosas restringentes, para fora das tradições rígidas, para fora das instituições que vinculam – em direção a Deus, a Deus em nós.

Casa Editorial Gabriele – A Palavra

"Deus não habita em templos de pedra"

O tema "Deus em nós" é para muitos hoje uma provocação. Quando se lê e ouve na mídia tudo o que se torna evidente neste mundo, a palavra DEUS é cada vez mais relegada para o segundo plano, tanto mais a afirmação: "Deus em nós".

Se ouve sobre desastres neste mundo e como os seres humanos se comportam com o seu próximo, como eles lidam, portanto, com os seus semelhantes, vivendo em inimizade com aqueles que não compartilham das suas convicções. A Terra com seus animais e plantas sofre sob a etiquetagem fraudulenta de "cristão" – o que significa: "Nós fazemos o que Jesus ensinou" – sob a exploração egoísta. Com incontáveis argumentos se saqueia a Terra, se tortura e se mata animais e se abate a natureza. Tudo isso certamente não tem nada a ver com Deus nem com Jesus.

E então alguém vem e afirma: "Deus em nós". "Deus em nós", realmente não é um conceito estranho. Acima de tudo, ele não deveria ser um conceito estranho para nós, se cremos em Jesus de Nazaré, no Cristo de Deus, quem – como dizem os cristãos – é o Redentor da humanidade.

Entre muitos dos seus ensinamentos, há um que é como uma advertência. Jesus nos ensinou que todo ser humano é o templo de Deus e que Deus, o Eterno, habita em cada um de nós. Por isso, "Deus em nós" não é um termo abstrato, quando cremos em Jesus, o Cristo, no seu ensinamento, sim, no seu ensinamento simples.

Infelizmente, nós, os seres humanos, somos muito retorcidos na nossa maneira de pensar. Nós acreditamos nas instituições igreja que comemoram a sua pompa sob o nome de "cristão". Porém Jesus de Nazaré não nos trouxe cultos, mas sim que você, cada um de nós é o templo de Deus, e Deus habita em cada ser humano, em cada alma.

Ultimamente muitas pessoas refletem sobre isto e mais e mais pessoas estão deixando as instituições igreja. Cada vez mais ouvimos falar dos excessos da casta sacerdotal, de hipocrisias e mentiras e, por último, mas não menos importante, das inúmeras perversões e excessos que preferimos não chamar pelo nome, a menos que se fala de hediondez e depravação.

Lembremo-nos do que Jesus de Nazaré, o Cristo de Deus, bem disse: *"Vós, no entanto, não sedes chamados rabino, pois Um só é o vosso Mestre, o Cristo, e todos vós sois irmãos"*.

Isso se aplica especialmente para as excelências e eminências eclesiásticas, para toda a casta sacerdotal. Todo ser humano é, mais ou menos, um pecador, também os sacerdotes.

Se acreditarmos nas palavras "Deus em nós", então faz-se para cada um de nós a pergunta se precisamos de igrejas de pedra.

Deus, nosso Pai Eterno, já disse através de Isaías: *"Deus não habita em templos de pedra"*.

Todos os que vão à igreja deveriam se perguntar: onde devo ir para orar?

Consideremos as palavras de Jesus: *"Tu és o templo de Deus, e Deus habita em ti"* – em todos nós. Então isso significa que deveríamos ir para o nosso templo de carne e osso com o profundo entendimento de "Deus em nós". Se Deus está em nós, então para que precisamos de sacerdotes, que Jesus chamou de "rabinos"? Além disso, Jesus, o Cristo, ensinou que o Reino de Deus está dentro de nós. Para que, então, deveríamos ir às igrejas de pedra, se o Reino de Deus está dentro de nós e Deus habita em nós?

Deus é a lei da vida, e a lei da vida é a liberdade, porque Deus é liberdade e habita em nós. Portanto, Deus em nós.

Cristão significa:
Seguir o ensinamento de Jesus de Nazaré

Muitas pessoas – e são sempre mais – encontram pouco apoio nas igrejas de pedra. Por isso, aumenta o número de pessoas que deixam a igreja. Muitos estão decepcionados com o comportamento institucional dos sacerdotes e mestres da igreja. Há muitas pessoas que não se sentem confortáveis nas igrejas de pedra, porque não se encontraram com Deus. Outros, por sua vez, abanam a cabeça, dizendo: "Deus não existe. Se existe, onde Ele está?".

Os líderes da igreja perderam toda a credibilidade, e os partidos falam suavemente sussurrando do bem comum e social. Se olharmos mais profundamente, notaremos que se trata, principalmente, de dividendos, do bem próprio. Os partidos políticos que levam um "C" cristão à frente, governam o povo alemão,

num país que é o terceiro maior exportador de armas do mundo. Todavia se chamam a si mesmos de cristãos!
Contudo, ser cristão significa: seguir os ensinamentos de Jesus de Nazaré.

Quando ouvimos que este país, a Alemanha, é o terceiro maior exportador de armas do mundo, porque então é chamado de cristão? É que o partido político que governa com o "C" cristão depende das instituições igreja? Pois não pode ser cristão de modo algum! Jesus, o Cristo, nos disse algo muito diferente: *"Aqueles que tomam a espada, pela espada morrerão"*. E ele também ensinou: *"Amai os vossos inimigos. Faça bem aos que vos perseguem"*. E: *"Bem-aventurados os pacificadores ... porque eles herdarão a terra"*. Jesus continuou a ensinar: *"... O que fizeste a um destes mais pequenos, que são Meus, o fizeste a Mim."* Basicamente, o ensinamento de Jesus de Nazaré é o ensinamento da não violência. Ele não disse que temos que nos armar para revidar. Ele nos ensinou: *"Se alguém te bater na face direita, oferece-lhe também a esquerda".*

Deixar-se bater na face direita e oferecer também a outra, é uma daquelas coisas. Como se pode examinar isto mais de perto com base na lei de Deus? Porque se poderia pensar que uma tal pessoa deixa que se lhe faça qualquer coisa. Isso é correto de acordo com a lei de Deus? Jesus também foi um exemplo neste caso. Quando detiveram Jesus para apresentá-lo a Pilatos, um dos servos lhe deu uma pancada na face e Jesus perguntou: *"Por que Me bates? Se fiz algo de errado, Me mostre. Mas se não fiz nada de errado, por que Me bates?".* Jesus só retificou. Ele responsabilizou-se pela verdade, mas não devolveu o golpe.
Isso significa, portanto, que não devemos permitir que se faça tudo conosco, mas sim, como Jesus nos ensinou, perguntar: *"Por que você me trata assim?".*

Mas se a Alemanha é o terceiro maior exportador de armas do mundo, isso significa que se aprova que, por exemplo, com armas se ataque outros países, matando pessoas. Quer dizer, se ataca ou contra-ataca.

Para que um governo cristão, se não se tem em conta o que Jesus ensinou? Ou é esse governo o arrimo que sustenta a casta sacerdotal alemã, cuja lei e direito é a luta, a luta contra o próximo?

Que isto é como é, é evidenciado pelas instituições cristãs, com subsídios anuais totalizando cerca de 14 bilhões de euros. Enquanto isso continua a ser o caso, não vai mudar muito, porque o cavalo estatal, não considera nada necessário derrubar o dogmático cavaleiro eclesiástico e mudar seu comportamento para com Deus e seu filho, Cristo.

Onde está Deus?

Por isso se diz sempre de novo: O que queremos com Deus, nem por falar, com "Deus em nós"? Porque se Deus permite tudo isso, então temos de dizer que Deus não existe. E se existe um Deus, por que permite tudo isso? Onde está Ele, se é supostamente onisciente? Cientistas perspicazes, os físicos atômicos e físicos quânticos, entretanto, já reconheceram que Deus não está separado da sua criação, senão que Deus é omnipresente *na* sua criação. Se, portanto, Ele é omnipresente na sua criação, então, também está em nós. Portanto, Deus em nós.

Deus, o espírito omnipresente é a liberdade. Todo o ser humano é livre de acordo com a vontade de Deus e é responsável pelo que faz e o que não faz. Mesmo se a pessoa está envolta com uma capa de cristão, ultrajando sob essa capa a vida cristã, o espírito livre não intervirá, porque cada pessoa é livre e dona do seu próprio destino, a fortuna ou o infortúnio. Nós, os seres humanos, recebemos de Deus, o Eterno, e do seu filho, Jesus, o ensinamento que nos libertaria se vivêssemos de acordo com ele. Nós, os seres humanos, temos os Dez Mandamentos de Deus através de Moisés, e quem se denomina cristão, deveria também cumprir os ensinamentos de Jesus de Nazaré. Pois no seu Sermão da Montanha também estão incluídos os Mandamentos de Deus.

Não devemos esquecer que no final do Sermão da Montanha Jesus nos ensinou o seguinte: *"Quem ouve estas Minhas palavras e as pratica de acordo com elas é como um homem prudente que edificou a sua casa sobre a rocha. A chuva caiu, vieram as enchentes, sopraram os ventos, e bateram com ímpeto contra aquela casa; e ela não caiu, porque estava fundada sobre a rocha.*

E todo aquele que ouve estas minhas palavras e não as põe em prática é semelhante a um homem insensato, que edificou a sua casa sobre a areia; a chuva caiu, vieram as enchentes, sopraram os ventos e deram contra aquela casa que caiu, e foi grande a sua queda."

Muitas pessoas constroem sobre a areia. Jesus disse: Quando vierem as águas, elas serão arrastadas com a areia. Nós, os seres humanos, temos as legitimidades de Deus a partir de Deus-Pai e de seu filho Cristo. Quem vive segundo elas? Se apesar de tivermos este conhecimento, ainda construímos na areia, não deveríamos atribuir a culpa a Deus pelos infortúnios que acontecem conosco. Deus nos deixa a liberdade. Deus não força. Os mandamentos de Deus indicam que "você deve", mas não são uma obrigação onde "você tem de". Aí está a liberdade de decidir livremente e, finalmente, também a responsabilidade de cada pessoa que conhece os mandamentos de Deus e o Sermão da Montanha de Jesus.

A responsabilidade de cada um está, portanto, no "voce deve". Nós, os seres humanos, ou fazemos a vontade de Deus ou não; e neste caso, cada um assume a responsabilidade por si mesmo. Se cremos em Jesus de Nazaré – ainda que só em alguns aspectos do seu ensinamento, e não fazemos o que está na lei de Deus, somos no final responsáveis por nossas ações, e não podemos responsabilizar nenhuma outra pessoa. Se acreditamos em Deus ou não, Deus está em nós.

Voltemos para o nosso mundo atual, falando da grande pobreza no mundo. Há crianças passando fome, pessoas que vivem em condições subumanas, e os governos que levam o "C" cristão, aprovam e até mesmo contribuem para a restauração de igrejas e catedrais com milhares de milhões de euros. Visto globalmente, esse dinheiro é, no final, fornecido pelo estado, ou seja, por nós, cidadãos. Todavia, quanto não se poderia fazer nesse mundo com milhares de milhões de euros? Por que precisamos de igrejas e catedrais restauradas, se Deus não vive em nenhuma igreja de pedra, senão que Deus habita em nós, e Deus também habita em cada criança que está morrendo de fome?

Nós, os seres humanos deveríamos fazer-nos conscientes e tentar compreender de coração, o que significa Deus em nós.

Deus em você.
Deus em cada um de nós.
O poderoso Deus omnipresente.
O Deus omnipresente está em cada animal, na folha da grama, na flor, na grande árvore; Deus está em cada pedra.
A força da vida, a força da Terra, tudo em tudo, é a vida omnipresente, é Deus em nós, Deus em tudo.
Deus é o espírito livre, por isso, você, nós, cada um de nós, é responsável pela sua vida.

Um homem inteligente, que não constrói sobre a areia, está ciente de que ele mesmo é o templo de Deus. Ele diz: "Eu edifico a minha vida no espírito de Deus e vivo passo a passo os mandamentos de Deus e o Sermão da Montanha de Jesus, porque Deus está em mim". Lembremo-nos das palavras de Deus dadas por intermédio do profeta Isaías:
"Ele, o Senhor do Céu e da Terra, não habita em templos feitos por mãos humanas".

Continuando com nosso tema – "Deus em nós" – compreendemos cada vez mais o que significa Deus em nós, e cada um de nós é o templo de Deus, e Deus, a força omnipotente e omnipresente, habita em nós. Quando damos um passeio, Deus está em tudo, porque ele é omnipresente. Isso significa comunicação com a vida, que é Deus.

O nosso mundo demostra que a maioria de nós acreditou no sacerdócio. Contudo, se o que os sacerdotes anunciaram há milênios de anos fosse verdade, hoje o mundo seria muito diferente. Mas o estado do nosso mundo nos mostra quem somos nós, seres humanos: guerra, assassinato, fome, sofrimento, doença, epidemias, animais torturados sem fim, e então ainda se pergunta: Onde está Deus?

Em todo caso, não numa casa feita de pedra chamada igreja, nem tampouco está no ensinamento da casta sacerdotal. Quem se refere aos ensinamentos de Jesus, o Cristo – e isto faz a casta sacerdotal em suas igrejas de pedra –, este realmente deveria ser uma pessoa pacífica e consciente de Deus, que aprecia e valoriza a Terra e tudo o que vive dentro, sobre e acima dela, e dá respeito à vida.
Portanto, o Deus dos sacerdotes não existe, mas sim existe *um* Deus, o verdadeiro Deus em você, em nós, em todos os seres humanos, em todas as criaturas de Deus, em toda a criação, em toda a natureza.

Um som ruidoso se torna sempre mais alto:
Por que Deus permite tudo isso?
O que deveria Deus fazer com todos os montes de cacos do demasiado humano? Deve Ele esmagá-los? Deve Ele moê-los? Deus não precisa fazer isso porque nós seres humanos, fazemos isto nós mesmos, porque somos *nós*, e não Deus, que fizemos com que o mundo e a Terra fossem como o são agora.
Deus nos deu o livre arbítrio, porque a vida, que é Deus, é livre. Deus não força. Ele não força nenhuma criatura. Deus é a liberdade. Deus é o espírito da vida. Quem intencionalmente destrói a vida é contra Deus e coloca-se acima do poderoso espírito – Deus.

Quem pensa de forma livre
é um bom analista

A liberdade que provem de Deus nos permite a pensar de forma livre.

Algumas perguntas para um bom analista e a todos os que agora abanam a cabeça:

Você é um animal de rebanho e que diz "amém" a tudo? Vocé é uma pessoa que acredita naquilo que pessoas levam outras a crer embora este ou aquele fala de Deus? Você é um animal de rebanho que precisa de uma igreja de pedra, tradições e confissões religiosas e, assim, também de sacerdotes dogmáticos?

Ou você é um espírito livre, que aprendeu a pesar e medir, e que não acredita em qualquer um que tenta te levar a crer em algo – mesmo se for a promessa, de que Deus está aqui ou ali, ou até mesmo que o caos deste mundo seria o mistério de Deus?

Por que, na verdade, falam as instituições e algumas pessoas, sempre de novo dos "mistérios de Deus"?

Perguntemo-nos: Será que Deus é perfeito, isto é, o espírito absoluto? Se Ele é o espírito absoluto, o espírito da criação, o espírito de liberdade, o espírito do infinito, para que Ele precisa de mistérios? Será que Deus tem de esconder algo de nós seres humanos? Se assim fosse, por um lado, o Eterno não seria livre, e por outro lado também seria um pecador, porque só o pecador tem coisas a esconder. Só o pecador tem os seus mistérios, mas Deus não.

Quem criou o mistério e quem nos quer incutí-lo? Não foi Jesus de Nazaré. Leia-se a Bíblia onde queira, Jesus nunca falou dos mistérios. O mistério é uma invenção dos sacerdotes, que pouco a pouco têm coberto e escurecido o ensinamento de Jesus de Nazaré, vendendo tudo isso – que por essa razão não era mais lógico – como mistério de Deus aos seus fiéis.

Um seguidor de Jesus de Nazaré fala de sua experiência

"Eu deixei de acreditar nos sacerdotes, tornando-me consciente de Deus em mim, e aprendi a orar sempre de novo a Deus em mim, e cumprir passo a passo na minha vida diária tudo o que oro, examinando-me, na pergunta se o que penso, digo e faço correspondem com os ensinamentos de Jesus de Nazaré. Se não for, eu me esforço para remediar o meu demasiado humano, pecaminoso, passo a passo com a força do interior. Assim eu me torno mais livre, mais feliz e muito mais despreocupado em mim.

Eu posso ir para a natureza; orar na natureza e sempre tornar-me consciente de que o que eu vejo, eu o sinto em mim, porque em tudo é Deus, o espírito livre, o poderoso criador. Com o tempo se aprende a comunicação com as forças *dentro* da natureza, com as forças dentro do animal e, por último, mas não menos importante, com as forças do infinito. Pois Deus é o espírito do infinito.

Posso dizer que eu me torno cada vez mais livre. Eu posso orar livremente; já não preciso acreditar no Deus de amor, de unidade, da paz e liberdade. Na oração profunda experimento Deus em mim."

O que é o espírito de comunidade?

De acordo com as nossas predisposições interiores, somos pessoas comunitárias. Ninguém deve estar sozinho, pois é dito: "Não é bom que o homem esteja só". Mas isso não significa correr atrás de uma pessoa. Qualquer pessoa que se esforça por encontrar Deus em si mesmo desenvolve simultaneamente o verdadeiro e fiel espírito de comunidade.

O que entendemos sob o conceito espírito de comunidade?

Uma comunidade verdadeira e viva deve realmente ter uma relação interior com Deus. A partir da fé viva do indivíduo cresce uma profunda amizade um com o outro, uma verdadeira comunhão.

A comunhão genuína também se desenvolve quando um diz abertamente ao outro o que ainda não está em ordem com ele. Se o seu próximo por consequinte reconhece seus aspectos de desordem e purifica-os, então, isso resulta numa verdadeira e franca amizade, pois deste modo se pratica a retidão, na qual qualquer tipo de menosprezo subliminar do outro não tem lugar.

E assim, para encontrar Deus e desenvolver um verdadeiro espírito de comunidade profundo, uma amizade interna, uma comunhão franca e honesta, significa em primeiro lugar de encontrar-se a si mesmo ciente do que Jesus, o Cristo, ensinou às pessoas. Entre outras coisas, Ele nos ensinou: *"Eu, Cristo, sou o Caminho, a Verdade e a Vida, ninguém vem ao Pai senão por Mim".*

Quando tomamos as palavras de Jesus, o Cristo, a sério e aplicamo-las na vida diária, então nós experimentamos cada vez mais profundamente que o ser humano não é um ser individual, mas um ser comunitário.

No reino de Deus, de onde viemos todos, no fundo da nossa alma, não há seres individuais, não há seres solitários. Nele há famílias grandes, e no meio deles, Deus-Pai, que, de acordo com o princípio da unidade, é Mãe e Pai para cada ser divino. Assim, no reino de Deus, o espírito de comunidade é completamente natural.

Falamos de espírito comunitário. No reino de Deus, se fala de famílias extensas, cujos membros são todos igualmente trespassados e levados por Deus, a força do universo. E assim, podemos concluir, por sua vez, unidade, igualdade, liberdade, fraternidade, o mesmo que irmandade. Cada um está orientado para a grande luz – Deus.

Uma pessoa que promete algo também deve ser capaz de prová-lo, especialmente quando tem a ver com as leis divinas. Muitas pessoas – acima de tudo os sacerdotes – pensam que podem provar a existência de Deus. Mas ninguém pode provar a outra pessoa que Deus existe.

Cada pessoa deve encontrar a Deus por si mesma. E onde Ele pode ser encontrado? Ele está dentro de cada pessoa. Uma pessoa que se orienta a Deus pode muito bem compartilhar a sua experiência de como ela aproximou-se de Deus em si mesma, mas ela não pode provar isto a outras pessoas.
Entretando, se tornou totalmente claro para mim, ou seja, eu tenho aprendido: Deus não

está aqui ou ali para ser encontrado, Deus é
a vída, a força em nós, em cada um de nós.
Aprendi cedo que eu não me vinculo a nenhuma pessoa, nem mesmo quando ela me
promete muito, e quando ela quer me levar
aqui e ali, a fim de chegar a Deus. Estou ciente de que somente eu devo encontrar a Deus,
porque Deus está em mim. Se eu tomar o caminho "Deus em mim", então eu encontrarei
o caminho para mim mesmo, ao meu interior
próprio, e também encontrarei o meu próximo, que é meu irmão e irmã, que também se-
gue o caminho para Deus, em si mesmo. Este
é o único e verdadeiro caminho: Deus em nós,
o que une as pessoas, que deixa com que as
pessoas se encontrem. – Todo o resto, ainda
que pensarmos que aqui e ali pode-se encontrar a proximidade de Deus, é enganoso.

Então, isso significa que mesmo que uma
pessoa tenha encontrado o seu caminho para
Deus no seu íntimo, ela não pode prová-lo

para outra. Ser um bom exemplo pode ser uma indicação, mas não é prova.

Consequentemente, as palavras da verdade nunca são vinculativas, porque contêm os ensinamentos de Jesus, o Cristo. Ele nos deu a promessa, o que devemos cumprir: *"Eu"*, assim fala Cristo, *"sou o Caminho, a Verdade e a Vida"*. E Ele, Cristo, é um com Deus, seu e nosso Pai.

Então, o nosso desejo deveria ser encontrar Deus em nós, cada um por si. Então, vamos ser guiados para a comunidade, que também percorre este caminho. Cada um percorre este caminho por si mesmo. Por quê? Porque cada um tem que superar os seus próprios obstáculos. Cada um tem carregado sobre si cargas diferentes, pecados diferentes, que, passo a passo e com Deus, em si mesmo, ele retifica e purifica, de modo que ele pode tornar-se livre da desordem, e encontrar o seu caminho para a Ordem de Deus, a sua lei da vida. Os ensinamentos de Jesus nos dão orientação, para que possamos encontrar o nosso caminho para a comunidade no seu espírito, a uma verdadeira e genuína amizade com essas pessoas que fazem aquilo, que Deus em nós quer.

Nós vivemos
no grande oceano, DEUS

Na grande obra de revelação "Esta é a Minha Palavra. Alpha e Omega. O evangelho de Jesus. A revelação de Cristo que verdadeiros cristãos em todo o mundo no entanto conhecem" lemos que Jesus de Nazaré já foi confrontado por seus contemporâneos com perguntas sobre Deus. Podemos ler:

"E alguns que estavam cheios de dúvidas vieram a Jesus, dizendo: 'Você nos disse que nossa vida e nosso ser são de Deus, mas nunca vimos Deus, nem conhecemos algum Deus. Você pode nos mostrar aquele a quem você chama o Pai e o único Deus? Nós não sabemos se há um Deus.'

Jesus respondeu-lhes, dizendo: 'Ouvi esta parábola sobre os peixes. Os peixes de um rio falavam uns com os outros e disseram: Eles dizem-nos que a nossa vida e nosso ser vem da água, mas nunca vimos a água, nós não sabemos o que é. Em seguida, alguns deles, que eram mais sábios do que os outros, disseram: Ouvimos dizer que no mar vive um peixe sábio e erudito que conhece todas as coisas. Vamos procurá-lo e pedir-lhe para nos mostrar a água.

E assim, alguns deles partiram para procurar o grande e sábio peixe, e eles finalmente chegaram ao mar onde o peixe vivia, e perguntaram-lhe.

E, quando os ouviu disse-lhes: Oh, vocês peixes tolos, que não pensam! No entanto, sábios são os poucos de vocês que procuram. Vocês vivem e se movem na água e têm a sua existência na água; vocês vieram da água e vocês voltarão para a água. Vocês vivem na água, mas vocês não sabem disso. Da mesma forma, vocês vivem em Deus e ainda assim vocês perguntam-me: Mostra-nos Deus. Deus está em todas as coisas e tudo está em Deus'."

Poderíamos nos perguntar:
Como é que pensamos?
Onde é que buscamos a Deus?
Não é Deus a vida em todos e em tudo?

Vivemos na grande corrente da vida, que engloba os elementos, a natureza, os animais e as pessoas, e não obstante, muitas vezes não sabemos onde está o nosso criador, o criador dos céus e da Terra, o criador da natureza, dos animais – Deus está em tudo.

Um passo essencial é tomado quando já não procuramos, mas tornamo-nos conscientes de que tudo é a grande unidade, que é chamada de DEUS.

Nós deveríamos nos tornar conscientes de que a corrente da vida é Deus.

Vamos empreender-nos em compreender:
Deus no infinito.

Deus no céu. Deus na Terra. Deus nos elementos, na natureza, em cada folha de grama. Deus em cada animal e Deus em nós.

Se nos familiarizarmos com o conteúdo destas ideias, se nos tocam em nossos sentimentos, gradualmente sentiremos que não estamos separados do grande oceano da vida. Então, tomaremos consciência de que, em última instância, simbolicamente falado, vivemos na água da vida e conscientemente nos movemos na água do Ser, no grande oceano, Deus. Se, então, mergulhamos no oceano Deus, na água da vida, fazendo, passo a passo, o que *Deus* quer, ou seja, guardar seus mandamentos e aplicar os ensinamentos de Jesus, então vamos também encontrar o nosso caminho para o espírito de comunidade, do qual se diz: a predisposição interior da pessoa é a comunhão em Deus das pessoas afins.

Assim que sentirmos a conexão com a corrente da vida, muito gradualmente sentiremos que não estamos sozinhos. Se, na comunidade de "Deus em nós", percorremos *o caminho* que Jesus nos ensinou repetidas vezes, isto é, que Jesus quis nos dar a entender, então compreendemos a sua palavra que Ele, Cristo, é o caminho, a verdade e a vida.

E quando seguimos os seus ensinamentos passo a passo, então encontramos as pessoas que também pensam e vivem de forma semelhante. A partir daí se desenvolve o verdadeiro e genuíno espírito de comunidade profundo, que é livre do vínculo de um para o outro, mas, no seu ser interior, estão todos profundamente unidos com Deus.

Quando realmente pensamos sobre a declaração "Deus em nós", a objeção pode surgir: Que declaração! Quando olhamos para a sociedade de hoje, que presunçoso dizer uma coisa dessas! – Porém em muitas das Bíblias usadas pelos sacerdotes está verdadeiramente escrito: "... o Altíssimo *não* habita em templos feitos por mãos ..." Isso levanta a questão: "Onde, então, que Deus habita, senão é nas igrejas de pedra?".

A maioria das pessoas está familiarizada com a ideia de que a alma vive nelas. Poderíamos agora filosofar sobre isto se é assim ou não. Mas vamos supor como fato, que estamos vivificados por um corpo de matéria mais fina, que não é deste mundo. Vamos supor que no fundo da nossa alma, nesta substância mais fina, está a vida, o alento, Deus, a quem nós experimentamos em nossa respiração.

O fato "vida" não deve ser visto como limitado apenas ao invólucro terrenal, a pessoa, que em algum momento, expira e não volta a inspirar novamente.

A vida é eternidade, e a eternidade chamamos de Deus, ou o Eterno ou existência eterna ou Ser eterno.
Pensemos na natureza. A primavera traz mais luz, mais sol. E a parte da Terra que se virou ao sol, recebe nova vida. A natureza começa a reverdecer e a florescer.

Como é para nós? Quando nos voltamos para a luz, Deus em nós, a nossa alma se torna mais cheia de luz; vivemos de forma mais consciente e tornamo-nos mais livres e mais felizes. Tornamo-nos honestos, abertos, diretos e justos em relação ao nosso próximo, porque nos encontramos em Deus, a vida, e somos fiéis a nós mesmos.

E aquele que é fiel a si mesmo, também é fiel aos outros, o que significa que ele não os trai, ele não os engana nem mente para eles. Ele fala a verdade, mesmo quando é desagradável para o seu interlocutor. Mas um verdadeiro amigo, que fala a verdade ele mesmo, aprecia a verdade e pode até ganhar uma indicação daí, que o ajuda a chegar nas profundezas ainda mais, na verdade universal.

Voltemos ao nosso tema: Deus em nós – Deus em você – Deus em mim, e que cada um de nós é o templo de Deus e que Deus habita em nós. Então, a vida imortal, o alento de Deus está no fundo da nossa alma. A vida flui através da nossa alma; ela flui no nosso corpo de células e nós respiramos a vida. O nosso coração bate, porque ele recebe a vida a partir da vida toda-abrangente – Deus.

Se você quiser, experimenta-o.
A cada dia, a cada momento, podemos aprender a nos aproximar de Deus, a vida em nós, e podemos exercitar a perceber a vida, Deus, que nos rodeia em tudo. Então vivenciamos Deus. Vamos experimentar Deus e já não nos atamos a pessoas que pretendem poder provar a existência de Deus.

Deus é a liberdade

A pessoa que tenha se convencido de que Deus, o todo-espírito, está em todas as coisas e em todos, já não precisa de uma religião exterior, nem de igrejas de pedra ou sacerdotes, cerimônias e dogmas. Ela aspira pelo espírito livre, Cristo em nós, em cada pessoa, em cada alma. Livre de religiões exteriores, a alma e a pessoa liberta respiram profundamente e uma alegria nunca antes imaginada sobre a liberdade alcançada dá asas à nossa vida de agora em diante. É Deus em nós, Deus em você, Deus em cada um de nós.

Cada um de nós é o templo de Deus e Deus habita em nós. Então, é a vida imortal, Deus – Deus em nós – a nossa respiração? Está a sua vida também no fundo da *nossa* alma?
Oh, sim, a vida flui através da nossa alma. Ela flui através do nosso corpo de células. E nós respiramos a vida. O nosso coração bate por-

Nenhuma pessoa deve vincular as outras a tradições e orações eclesiásticas, música de órgão e canto coral, aos ritos ou formas da igreja. Tente entender que Deus não conhece nada disso. Deus habita em você. Deus habita em cada um de nós.

Nós, seres humanos, sempre queremos ter provas. Por exemplo, um leitor poderia pensar: "Nós podemos muito bem dizer Deus em mim, Deus em tudo, Deus omnipresente, mas isso é verdade? Você pode provar isso?"

Nenhuma pessoa pode provar isso a outra, mas podemos pura e simplesmente dizer: Experimente por si mesmo! Deus está em você e Ele deixa-se ser encontrado.

Muitas pessoas já o tentaram na oração, na devoção: Deus em nós. Só quem não desistiu de esforçar-se profundamente na busca de Deus em si mesmo, através da paulatina realização dos mandamentos de Deus e os ensinamentos de Jesus de Nazaré, gradualmente sente Deus em si mesmo – Deus em todos nós.

A proximidade de Deus nos faz felizes. Logo percebemos que podemos viver uma vida que tem sentido apenas com as pessoas que seguem o mesmo caminho – "Deus em nós". Deste cresce verdadeiramente o espírito de comunidade, a vida comunitária, a verdadeira, genuína e profunda amizade. Desenvolve-se apenas quando é: Deus em nós; Deus no nosso próximo; Deus *por* nós e nós por Deus.

A vida verdadeira é viver em Deus

Jesus de Nazaré nos ensinou a entrar numa câmara silenciosa e procurar Deus no silêncio. Ele não nos ensinou a entrar nas igrejas de pedra.

Como podemos nos dispor duma câmara de silêncio? Por exemplo, no meu lar eu instalei um cantinho de oração, com uma pequena mesa, uma cadeira e uma vela. Com o tempo, torna-se importante para mim se retirar, para orar ou para sintonizar-me através da música, e tornar-me silenciosa, e, em seguida, dirigir várias orações profundas e fervorosas ao interior, para Deus em nós.

Experimente-o. Prepare um canto simples de oração. Com a música e oração, deixe que se converta num lugar que exerça sobre você uma força de atração cada vez mais intensa. E torne-se consciente sempre de novo, que Deus, nosso Pai celestial, te ama, Ele ama a todos nós. Ele quer que nós venhamos a Ele, porque no fundo da nossa alma, somos todos filhos e filhas do reino de Deus. O reino de Deus é a nossa pátria verdadeira e imperecível, eternamente.

Jesus nos ensinou: *"O reino de Deus está dentro de vós"*. Em outras palavras, o reino de Deus é a lei da vida, é Deus. Por consequência, Deus está em nós.

Cada um é livre de acreditar ou não que como ser humano é apenas um peregrino, que carrega em si a eternidade. Para a existência neste mundo, a nossa alma assumiu temporariamente um corpo humano. Uma vez que o corpo físico faleça, então, a alma continua a sua trajetória nas esferas do além. E continua neste caminho até que tenha encontrado completamente o seu caminho para o seu ser interior, ao seu Criador, a Deus, seu Pai. E, então, é um com Ele. Assim como Jesus disse de si mesmo: *"Meu Pai e Eu somos um"*.

Palavras maravilhosas de Jesus, o Cristo: *"Meu Pai e Eu somos um"*. – A fim e a cabo, este é o objetivo para todos e para cada um de nós. Nós viemos de Deus; estamos em Deus e vamos novamente seguir o caminho a Deus em nós, para que possamos voltar a ser um com a poderosa corrente, com o imensurável oceano do Todo-Ser, o Ser universal, Deus em nós. Então, como seres puros, podemos dizer: Meu Pai e eu somos um.

Esta perspectiva pode nos dar asas. Apenas a unidade interior em Deus, nosso Pai Eterno, nos une como irmãos e irmãs que pertencem ao reino de Deus. Apenas a pátria eterna em Deus, nosso Pai, nos une.

Voltemos brevemente para a palavra "espírito de comunidade". Comunidade com o nosso próximo, que, como nós, é um filho ou filha do Infinito, nos une com Deus, nosso Pai, e com a Pátria eterna. É aí que o caminho leva. Essa é a vida. A verdadeira vida é a vida em

Deus. E uma vida agradável a Deus é a verdade. E, por último, a verdade é o reino de Deus.

Esperamos e desejamos que vocês também
se tornem conscientes de que nenhuma agru-
pação exterior pode levá-los a Deus. É verdade que existem comunidades externas, mas
quando nos apegamos às palavras "comunidade exterior", então surge a pergunta: Existe
um autêntico, verdadeiro amigo, que tem a
perseverança e a força radiante para susten-
tar cada indivíduo de acordo com a comunidade interior?

Cada pessoa deve encontrar-se a si mesma
em algum momento ou outro. Por esta razão,
podemos motivá-la a autodescoberta, com as
perguntas: Quem é você? Quem somos nós realmente?
Quem quiser, encontrará o seu caminho para
si mesmo. E todo aquele que quiser, analisará
o significado de que:

Deus está sempre presente.
Ele é o infinito.
Ele está no Universo.
Ele está na natureza, em cada animal, em
cada planta, em cada pedra.
Ele está nos elementos.
Ele está no ser humano.
Deus é omnipresente.

A partir disso, podemos concluir que Deus está
em cada alma, portanto, também em você.
Deus está com você. Deus está ao seu lado.
Deus está com todos nós e ao lado de todos nós.

Se estas palavras também têm despertado em
você um anseio de Deus em nós, então você
e todos nós, podemos procurar esta proximidade de Deus sempre de novo. Se nós nos
orientamos para a câmara de silencio, então
sempre de novo seremos atraídos por este lugar – mesmo que seja meramente um canto
sossegado no nosso quarto.

Mantenhamos esta pequena área, marcada para concentração interior e contemplação, livre de pensamentos ruins e demasiado humanos, e retiremo-nos para este canto familiar apenas quando queremos ouvir música tranquila e entrar em oração. E quando oramos, então oramos profundamente para dentro do fundo da nossa alma, isto é, ao interior, porque nós mesmos somos o templo de Deus e Deus habita em nós.

O que nós, os seguidores de Jesus, o Cristo, queremos, é dar testemunho de Deus, não de nós, e não duma comunidade tradicional, mas somente de Deus. Queremos dar ao nosso próximo um entendimento de Deus.
Nós encontramos Deus, a vida, no fundo de nossa alma e sabemos que ele nos ama a todos, porque, como nosso Pai eterno, ele nos contemplou e criou no seu coração. E qualquer pessoa que, em profunda oração, busca uma união com ele, vai senti-lo cada vez mais.

Podemos falar sobre isso, mas não podemos provar isso a ninguém.

Nós sabemos, mas não podemos provar que você, todos nós, vivemos eternamente, porque Deus é eterno. Ele, Deus, nosso Pai celestial, nos criou como seres puros de substância fina. Em algum momento, o nosso corpo falecerá, mas a sua chamada é válida, por exemplo, através das palavras do Cristo de Deus, que dizem: Vinde a mim – isto é, a Cristo – todos os que estais cansados e oprimidos e Eu – isto é, Cristo – vos aliviarei.
E assim, para onde iremos, se o espírito de Deus, o Cristo de Deus, habita no fundo da nossa alma? Para Ele, que habita em nós, para Deus em nós.

Como podemos
nos aproximar de Deus?

As pessoas frequentemente perguntam: Para onde iremos, se o espírito de Deus, o Cristo de Deus, realmente habita no fundo da nossa alma? Como podemos chegar a Ele? O Cristo de Deus em Jesus de Nazaré nos deu um caminho maravilhoso que conduz ao interior, ao fundo da nossa alma. É a comunicação do coração, através da qual cada pessoa pode estabelecer uma comunicação viva com o espírito eterno em si.

Se você desejar ter esta experiência de Deus, então acolha na sua consciência as seguintes palavras de Jesus de Nazaré: *"Mas tu, quando orares, entra no teu quarto, fecha a porta e ora ao teu Pai que está em secreto. E seu Pai, que vê em secreto, te recompensará!"*

Jesus falou de um quarto silencioso; nós falamos duma "câmara de silencio".

Seria aconselhável procurar uma câmara silenciosa – hoje talvez diríamos, um canto de oração ou um lugar tranquilo numa sala – para deter-se, para recolher-se, para ordenar mais e mais os nossos pensamentos, para tranquilizar-se e entrar no silêncio. Este é o caminho para nos libertar dos nossos pensamentos demasiado humanos. Afinal de contas, é um passo na direção do pensamento positivo.

Retire-se para uma câmara silenciosa, para refletir o que significa:
Deus está sempre presente.
Deus está na natureza. Deus está em cada animal e em cada planta, em cada pedra, em cada poderosa árvore.
Deus está no fundo da sua alma.
Deus está com você e ao lado de você.
Deus está acima de você, nas estrelas e planetas poderosos. Em todos os lugares está o espírito todo-prevalecente, a quem as pessoas no mundo ocidental chamam de DEUS.

Isso seria o primeiro passo, para perceber que Deus está sempre presente. E o segundo passo é: Se Deus está sempre presente em toda a natureza, em cada animal, então, logicamente, Ele também deve estar em você, no fundo da sua alma.

Se você tiver dificuldades com a câmara silenciosa, então pense em Jesus de Nazare. Ele nos ensinou que cada pessoa é o templo de Deus e que o espírito do infinito, a quem chamamos Deus, habita na pessoa, em cada alma.

O que você, o que todos nós, queremos fazer com estas declarações? Deixá-las de lado? Ou refletimos brevemente a respeito? Mesmo que apenas por um breve momento, nossos pensamentos vão cada vez mais ao profundo e refletiremos mais e mais sobre isso, e de repente sentiremos que algo em nós quer ser cumprido. O que é? A oração.

Então, acenda uma vela. Sente-se ereto e ora para o interior, para o fundo da sua alma! Se suas emoções estão agitadas e se você não se acalma, então, ouve um pouco de música harmoniosa. Isso irá ajudá-lo a descartar seus pensamentos diários e harmonizá-lo para ir ao interior e orar profundamente.

Com o tempo, você reconhecerá que durante esses minutos, você entra no seu próprio mundo interior e se sentirá de uma forma completamente diferente. E então, você aprende a encontrar o caminho para si mesmo. Muito em breve, você sentirá que você não está sozinho, que um grande e poderoso espírito, o poder do infinito, habita em você. Ele dá-lhe ajuda e força, não só para orar, mas também para vencer a sua vida diária no seu espírito.

Em algum momento, surge em você, como em todos nós, a questão: O que mais podemos fazer para estar mais perto de Deus, para mudar toda a nossa atitude básica, todo o nosso modo de vida para o positivo? Se esse desejo do nosso coração vibra, então nos lembraremos dos dons divinos que já foram dados a nós como uma indicação. Recebemos de Deus, nosso Pai eterno, os Dez Mandamentos através de Moisés e de Jesus, o Cristo, o Sermão da Montanha.

Sempre de novo ouvimos que o pensamento positivo é valioso. E muitos se perguntam: O que realmente é o pensamento positivo? – Eu poderia dizer, por exemplo: "Eu afirmo que a pessoa é boa." Ou: "Estou feliz pela natureza, pelo canto dos pássaros. Afirmo meu dia de trabalho e estou em grande parte de acordo com os meus colegas de trabalho". – São todas essas declarações pensamentos positivos? Ou há ainda outros aspectos a considerar que a mera afirmação exterior?

Uma ajuda para a nossa autoajuda poderia ser de sondar-se a si mesmo:

O que está por trás de meus chamados pensamentos, palavras e ações positivas? É tudo completamente bom e irrepreensível? Ou não haverá por trás desses muitos pensamentos e comportamentos aparentemente positivos, sentimentos e pensamentos bastante diferentes? Talvez estejamos secretamente a desdenhar o nosso próximo ou a explorar-lhe.

Por exemplo, eu agora falo ou ajo de tal maneira que o meu próximo concorda comigo e faça o que eu não posso fazer bem. Falarei bem, usando palavras lisonjeiras, de modo que ele assume parte do meu trabalho. Podemos então chamar isto de positivo? Por fora, soa como se fosse positivo. Mas o conteúdo dos nossos padrões de comportamento, o que escondemos dos outros, tanto quanto possível, tem uma aparência completamente diferente.

Os seguidores do Nazareno têm aprendido a analisar o positivo realçado, os seus pensamentos e palavras e seu comportamento exterior ostentativos, ou seja, de se perguntar: O que está por trás de meus chamados aspectos positivos?

Se quisermos olhar a verdade sobre nós mesmos no olho, então podemos aplicar os Dez Mandamentos de Deus e comparar os nossos aspectos ocultos com alguns dos seus mandamentos. E muito rápido percebemos o que não está em ordem, e sabemos o que precisa ser feito e como devemos realmente pensar, falar e agir. Esta seria a orientação que leva a um pensamento verdadeiramente positivo.

Vocês dirão com razão: O que está aqui exposto não se pode provar. Por que não? Porque Deus quer que você prove por si mesmo que Deus habita em você. Podemos falar sobre isso, porque muitos de nós já tivemos essas experiências profundas: Deus, o poder da vida, nele, em todos nós.

A vida é a vida eterna, porque Deus é eterno. Quando você fala de vida, pense na consciência universal, Deus. Porque Ele contemplou e criou você, todos nós, no fundo da nossa alma, viveremos eternamente, não como seres humanos, mas como seres divinos, isto é, como seres puros.

Quem não sabe que em algum momento ou outro o corpo físico de cada um de nós falecerá? Mas o Cristo de Deus está presente e Ele nos chama como seres humanos. Ele chama a alma quando desencarna, ou seja, quando se separa do seu corpo. A chamada é: "Vinde a mim, todos os que estão cansados e sobrecarregados, e eu" – isto é, Cristo – "vos aliviarei".

Para onde devemos recorrer, quando nos oprime uma tristeza ou dor, quando a nossa fé vacila ou não acreditamos em coisa alguma? Em algum momento, chega o tempo no qual nós perguntamos: Existe um Deus?

Se você fizer essa pergunta, escute profundamente no fundo da sua alma e você ouvirá o apelo: "Vinde a mim", assim fala Cristo, "porque eu aliviarei a todos os que estais cansados e sobrecarregados!"

Qualquer pessoa que tenha praticado análise e mantém a sua consciência alerta e ativa, rapidamente compreenderá o significado dos Mandamentos de Deus e, finalmente, do Sermão da Montanha de Jesus.

Pessoas da Nova Era

Quer acreditemos ou quer não, está a começar uma Nova Era. Ela vem. Muitos desejam tornar-se uma nova pessoa, uma pessoa de liberdade, uma pessoa no espírito de Deus, uma pessoa que aprecia a natureza, que a ama e, com a força de Deus, encontra o seu próximo com paz.

Estas são as pessoas da Nova Era, da geração vindoura. Você também participará?

Você não precisa dum líder exterior; você tem o líder interior, o espírito do Cristo de Deus em você. Ele está em cada um de nós. Tente encontrar o seu caminho para si mesmo, para se aproximar da verdadeira vida! Ninguém pode forçá-lo à ação espiritual. No espírito da verdade, em Deus, você, todos nós, somos pessoas livres. Ninguém "tem", mas cada um "pode"!

O que entendemos com o termo "verdadeira vida"? Qualquer pessoa que, cercada por muitos outros, vê e ouve a si mesma, pensará: eu vivo! Novamente, nos perguntemos mais profundamente: é a nossa vida terrena – como a imaginamos – realmente a nossa verdadeira vida?

Se você quiser saber mais precisamente o que e como a verdadeira vida parece, basta tomar os Dez Mandamentos de Deus ou o Sermão da Montanha de Jesus na mão. Leia as palavras com calma e reflexão. Um bom analista que se esforça para compreender o contexto do significado das declarações claras olha mais profundamente e entende o que Deus, o To-do-Poderoso, colocou nos Dez Mandamentos que Ele nos deu por meio de Moisés.

Um bom analista também vai entender e reco-nhecer a profundidade do Sermão da Monta-nha de Jesus. A verdadeira vida está enraizada nas profundezas. E a verdadeira vida pode ser vivida. É dada como diretriz e oferecida a cada pessoa – isto, se ela quiser. Com isso, nós não seremos os eruditos religiosos nem mesmo santos. Tornamo-nos numa pessoa prudente, calma, que simples, sincera e conscientemente aplica a regra da vida que Jesus de Nazaré nos ensinou: *"Faça aos outros o que quer que outros fazem a você!"* A formulação popular desta instrução para ação é: *"Não faça aos outros o que você não quer que façam a você"*.

Basicamente, ambas as afirmações têm o mesmo sentido. Você tem que aprender a compreendê-las; você tem de entendê-las na sua profundidade. Se nós as entendermos, agiremos de acordo com elas, passo a passo, e então experimentaremos alguns assim chamados pequenos milagres, porque nos sentimos mais bem. Tornamo-nos mais felizes e não por último, mais livres. Já não seguimos as pessoas nem nos ataremos a nenhuma pessoa. Nós sentimos e experimentamos o que significa a liberdade.

Um mandamento de Deus é a liberdade. Quem não quer isso? E assim, tentamos analisar passo a passo os mandamentos, compreender o Sermão da Montanha e aplicá-lo na nossa vida diária! Isso é o que traz a liberdade. Isso é o que nos traz a estar pertos de Deus. A partir disso, nós aprendemos: Deus em nós. Essa é a verdadeira realidade, a verdadeira vida, que, apesar do declínio global em todas as esferas, apesar dos desenvolvimentos negativos e do sofrimento em todos os lugares, nos permite tornar-nos felizes novamente.

Nós temos um Pai, todos nós, o Pai no céu. Ore para o seu espírito, que habita em você, em todos nós. Pois Deus, nosso Pai, ama a cada um de nós. Seu amor é inviolável e indelével.
Através das nossas orações de coração, nós nos aproximamos d'Ele, o Pai eterno, e vivenciamos a sua força e a sua ajuda em nós. Aprendemos que nós, as pessoas, não pre-

cisamos das denominações igrejas, ou das tradições eclesiásticas. Basicamente, os sacerdotes também são supérfluos, porque não precisamos de intermediários.

Nós temos algo maravilhoso, algo inigualável em nós, um tesouro, um tesouro inimaginavelmente valioso.

Somos chamados por Jesus, o Cristo, para desenterrar este tesouro em nós, pois Jesus nos ensinou: *"Eu"*, isto é, Cristo, *"sou o caminho, a verdade e a vida"*, e Ele, Cristo, nos pediu para seguir a Ele, isto é, a Cristo. Por último, para todos nós, isso significa buscar a câmara de silêncio, para orar e para colocar em prática as verdades que se abrem para nós em oração profunda.

Deus está presente

É um grande presente para chegar a ter a experiência: Deus em nós.

Com o tempo, você perceberá então que você se torna mais livre e mais feliz. Em seguida, você nota que todo exterior, o buscar Deus nas igrejas de pedra e assim por diante, é tudo teoria.

Ponha-se a caminho para desenterrar este tesouro único e você ganhará a alegria de estar perto de alguém no seu coração. Claro, não é uma pessoa, nada exterior – você se aproxima daquele a quem chamamos de *"Pai Nosso"* no "Pai nosso que estais no céu, santificado seja o teu nome".

Santifica o seu nome! Ore para dentro do fundo da sua alma. Ore profundamente e cumpre as suas orações, passo a passo, e você vai notar que alguém está alí, o Pai no céu, que louvamos no "Pai Nosso". Logo você vai perceber que você não está sozinho, que algo bate à porta, que respira e flui. Você sente que é o espírito, é o espírito do nosso Pai celestial, a verdade. É a corrente da vida em você, em todos nós.

Quão perto de nós vem a câmara de silêncio! Você alcança a segurança, porque com o tempo, as suas orações tornam-se mais profundas, porque a liberdade cresce e você se encontra com o mais interior dos seus semelhantes numa forma completamente nova. A felicidade interior, que tem crescido em você, e continua a crescer, irradia para fora e pode tocar a alma dos seus semelhantes, se eles também estão procurando encontrar Deus, o verdadeiro Deus.

Vamos mais uma vez trazer à mente a mensagem cuja conscientização nos concede cada vez mais segurança interior, e em nossa vida diária, nos traz a certeza incomparável de sermos carregados pelo Todo-Poder e amor divino. Você não precisa de um líder exterior. Você tem o melhor líder – *em você*. É o líder inte-

rior, o espírito do infinito, o Cristo de Deus, no
fundo da sua alma.

Ele está em você; Ele está em nós –
Ele está sempre presente.

Quando você vai dar um passeio –
Deus está presente.

Quando você fala com os seus
semelhantes – Deus está presente.

Quando você está no trabalho –
Deus está presente.

Quando você come –
Deus está presente.

Quando você vai para a cama –
Deus está presente.

Quando você acorda –
Deus está presente.

Ele, o poderoso espírito em você,
quer te acompanhar no seu dia.

Caros semelhantes, que melhor poderíamos desejar para nós mesmos do que a paz, alegria, felicidade, saúde, e não por último, Deus conosco, porque Deus está em nós!

"Você não precisa ir aqui ou ali –
Eu estou em ti!
E onde quer que você esteja,
aí estou eu.
Retira-te num aposento calmo
e entra na câmara interior do teu coração
para orar de coração.
Na oração, traz a mim,
quem habita em você,
os pedidos do seu coração,
e creia que eu tudo posso."

Cristo em
"Esta é a Minha Palavra. Alpha e Omega.
O Evangelho de Jesus.
A revelação de Cristo, que os cristãos
verdadeiros em todo o mundo no entanto conhecem"

Leia tambem ...

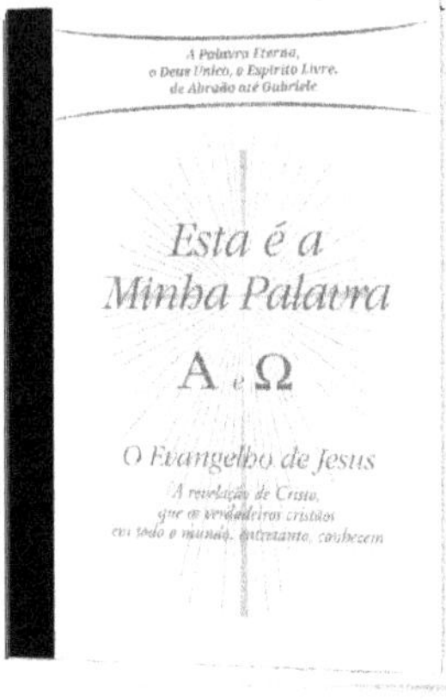

Esta é
a Minha Palavra
A e Ω

O evangelho de Jesus
A revelação de Cristo
que verdadeiros cristãos
em todo o mundo
no entanto conhecem

Esta revelação abrangente de Cristo vai muito mais além do conteúdo da Bíblia. Esta grande obra nos oferece uma visão global daquilo que foi, que é – e daquilo que será.

Baseiado no "Evangelho de Jesus", um texto evangélico existente fora da Bíblia, Cristo mesmo se revela através de Gabriele, a profetisa e enviada de Deus, dando detalhes da sua encarnação aquando Jesus de Nazaré.

Do conteúdo: Infância e juventude de Jesus • A falsificação do ensinamento de Jesus de Nazaré durante os últimos 2000 anos • Sentido e finalidade da vida na Terra • Jesus ensinou sobre a lei de causa e efeito • Requisitos para a cura do corpo • Jesus ensinou sobre o matrimônio • O Sermão da Montanha • Deus não se ira e nem castiga • O ensinamento da "condenação eterna" é um escárnio de Deus • Jesus expôs os escribas e Fariseus como hipócritas • Jesus amava os animais e sempre os defendia • Sobre a morte, a reencarnação e a vida • O verdadeiro sentido do ato de redenção de Cristo • e muito, muito mais!

Um Audio CD está incluído no livro com a palavra eterna do Reino de Deus: *"A Chamada do Cristo de Deus"* e *"O Aparecimento"*, dados no ano 2017 por meio de Gabriele.

1092 páginas, Pedido no. S 007PT, ISBN: 978-3-96446-012-7

Quem foi
Jesus de Nazaré?

A sua infância e juventude

Um livro que oferece muitos aspectos de sua vida que não são conhecidos dos evangelhos tradicionais das instituições eclesiásticas, assim dando ao leitor a oportunidade de chegar a conhecer o homem Jesus de Nazaré de uma nova maneira.

As suas descrições incluem, por exemplo:
Sobre os seus pais, Maria e José – As suas lutas anímicas – O seu amor aos animais – O começo dos seus anos de ensino. Este livro toca o coração, pois a sua vida foi um símbolo para a humanidade.

48 páginas, Pedido no. S 170pt, ISBN. 978-1-890841-72-0

Desde Abraão
até Gabriele

A palavra dos profetas cumpre-se

Este livro mostra de forma condensada, o grande arco estendido atrás das obras dos verdadeiros profetas de Deus, mas também as consequências devastadoras do seu desprezo pela maioria dos homens servis ao sacerdócio, que não seguiu a palavra de Deus. Começando com Abraão e seguindo através dos milênios até Gabriele, a profetisa e enviada de Deus nos nossos tempos, o um Espírito, a Inteligência Universal, trabalha pelo único plano que está contido no cumprimento da oração que Jesus, o Cristo, ensinou – o "Pai Nosso", no qual se diz: "Assim na Terra como nos céus".

80 páginas, Pedido no. S 465pt, ISBN: 978-1-890841-64-5

Com prazer mandamos o nosso catálogo de livros.
Casa Editorial Gabriele – A Palavra
Max-Braun-Str. 2, 97828 Marktheidenfeld, Germany
www.gabriele-publishing-house.com
mail@gabriele-publishing-house.com